SEMBRADOS
EN BUENA TIERRA

Edificando un
hogar feliz

¡para niños!

Edificando un
hogar feliz

¡para niños!

Heriberto y Elsa Hermosillo

La misión de Editorial Vida es proporcionar los recursos necesarios a fin de alcanzar a las personas para Jesucristo y ayudarlas a crecer en su fe.

SEMBRADOS EN BUENA TIERRA
EDIFICANDO UN HOGAR FELIZ
Edición publicada por Editorial Vida - 2008
Miami, Florida

© 2008 Heriberto y Elsa Hermosillo

Adaptación para niños: *Patricia Sánchez*
Adaptación del interior: *Good Idea Productions*
Diseño de cubierta: *Rodrigo Galindo*
Adaptación: *Cathy Spee*
Coordinadora de producción: *Mariana Díaz González*

ISBN: 978-0-8297-5357-8

Categoría: Ministerio cristiano / Discipulado

Impreso en Estados Unidos de América
Printed in the United States of America

08 09 10 11 ❖ 6 5 4 3 2 1

Índice

Sembrados en Buena Tierra para niños

Sembrados en Buena Tierra para niños, es un material dirigido a padres y maestros que desean instruir a niños entre 4 y 12 años, en la Palabra de Dios.

Para este fin, la estructura que se presenta es:

1. Objetivo.
Identifica los puntos principales a reforzar.

2. Textos.
Pasajes bíblicos que son la base de la enseñanza.

3. Versículo a memorizar.

4. Desarrollo del tema.
Es una guía de la enseñanza, para padres y maestros, en el extremo derecho de la hoja, se incluyen también los pasajes bíblicos que se citan durante la enseñanza.

5. Aprendizaje activo.
Actividades y juegos, para niños pequeños y grandes, que sirven para fijar la enseñanza de una manera práctica y divertida.
El padre o maestro, puede sacar fotocopias de las ilustraciones y hojas de actividades, para repartir a sus niños.

Aprendiendo a ser un discípulo para niños
Los niños aprenden a descubrir la diferencia entre ser un creyente y ser un discípulo, y se preparan para alcanzar este objetivo a través de 7 pasos.

Aprendiendo a orar para niños
Nuestros hijos pueden desde pequeños aprender los principios que Jesús enseñó a sus discípulos, cuando estos le pidieron, "enséñanos a orar".
Basados en lo que conocemos como «El padrenuestro» (Mt 6:5-13), los padres y maestros cuentan con una herramienta útil y práctica para comunicar esta importante enseñanza .

Edificando un hogar feliz
¿De dónde venimos? ¿Cuál es nuestro propósito? ¿Qué es una familia? ¿Cómo funciona?
Respuestas a estas preguntas preparan a nuestros niños para cumplir su propósito tomando en cuenta a aquel que creó la familia y desea que tengamos un hogar feliz.

El secreto de las finanzas sanas
Los niños están listos para aprender a identificar los recursos que el Señor les ha regalado.
Cómo honrar a Dios y tener cuidado de no permitir que la provisión que el Señor añade se pierda.

Contáctenos
Elsa Hermosillo
tfbeto@yahoo.com

www.sembradosenbuenatierra.com
USA (956) 9710724

1 { Nuestro origen. Descubriendo nuestra identidad }

Objetivos

Ayudar al niño a:

- Aprender qué significa la palabra «identidad» y «Génesis».
- Conocer cuál es el origen de las personas.
- Saber los beneficios que nos trae el regresar a nuestro origen.
- Entender cómo es la imagen de Dios.

Textos:

Génesis 1:11, 20, 26-27, Efesios 4:22-24 y Colosenses 3:9-13.

Versículo a memorizar:

«Y ponerse el ropaje de la nueva naturaleza, creada a imagen de Dios, en verdadera justicia y santidad». *Efesios 4:24 NVI*

Desarrollo del tema:

Hoy iniciaremos una serie de lecciones que nos hablan sobre la familia, se llama «Edificando un hogar Feliz».

¿Sabes qué significa edificar?

Edificar es lo mismo que construir, quiere decir: poner en orden los diferentes elementos que forman algo. Así es que vamos a poner en orden los elementos que forman un hogar. Un hogar es el ambiente que ofrece seguridad y felicidad a un grupo de personas que viven juntas como una familia.

El primer libro de la Biblia se llama «Génesis». La palabra génesis significa «origen» y proviene del hebreo *B'reshith* que quiere decir «*En el principio*». Es en este libro donde Dios nos dice cuál es el origen de todo lo que existe en el universo.

Por ejemplo, el origen de las plantas es la tierra *(Génesis 1:11)*, el origen de los animales es el agua *(Génesis 1:20)*.

¿Cuál es el origen de las personas?

Las personas somos la obra maestra de la creación de Dios, somos la inspiración de su amor, fuimos creadas a la imagen y semejanza de él. *(Génesis 1:26-27)*

¿Y cómo es la imagen de Dios?

La Palabra de Dios nos dice que es una imagen llena de amor, gozo, paz, paciencia, bondad, fe, humildad, gentileza y dominio propio. *(Gálatas 5:22)*

Una imagen de verdad, misericordia y perdón, que una vez que se forme en nosotros llevará gloria y alabanza a su nombre.

Pero la imagen de Dios en el hombre quedó dañada por el pecado y perdimos la cercanía con él.

Colosenses 3: 9-13

9 No mintáis los unos a los otros, habiéndoos despojado del viejo hombre con sus hechos,
10 y revestido del nuevo, el cual conforme a la imagen del que lo creó se va renovando hasta el conocimiento pleno,
11 donde no hay griego ni judío, circuncisión ni incircuncisión, bárbaro ni escita, siervo ni libre, sino que Cristo es el todo, y en todos.
12 Vestíos, pues, como escogidos de Dios, santos y amados, de entrañable misericordia, de benignidad, de humildad, de mansedumbre, de paciencia;
13 soportándoos unos a otros, y perdonándoos unos a otros si alguno tuviere queja contra otro. De la manera que Cristo os perdonó, así también hacedlo vosotros.

Génesis 1:11

11 Después dijo Dios: Produzca la tierra hierba verde, hierba que dé semilla; árbol de fruto que dé fruto según su género, que su semilla esté en él, sobre la tierra. Y fue así.

Génesis 1:20

20 Dijo Dios: Produzcan las aguas seres vivientes, y aves que vuelen sobre la tierra, en la abierta expansión de los cielos.

Génesis 1:26-27

26 Entonces dijo Dios: Hagamos al hombre a nuestra imagen, conforme a nuestra semejanza; y señoree en los peces del mar, en las aves de los cielos, en las bestias, en toda la tierra, y en todo animal que se arrastra sobre la tierra.
27 Y creó Dios al hombre a su imagen, a imagen de Dios lo creó; varón y hembra los creó.

¿Qué significa identidad?

Son las características que distinguen a una persona. Cuando no sabemos cuál es nuestro origen tampoco sabemos con quién identificarnos, no sabemos a quién debemos parecernos.

Entonces empezamos a andar por caminos equivocados, tomando decisiones incorrectas, llenándonos de pecado y alejándonos de Dios, dañando nuestra vida, y perdiendo la imagen de Dios en nuestras vidas, más y más.

¿Cómo podemos saber cual es nuestra identidad y seguir el camino correcto?

Dios, que ya sabemos que es nuestro Padre, nos creó con un propósito: reflejar su imagen. (*Romanos 8:29*) y para eso nos ha dejado un manual de instrucciones, que es la Biblia, en el que nos dice cómo es él, y cómo debemos ser nosotros. Cuando dejamos que nuestros pensamientos y acciones sean gobernadas por él, su imagen se forma en nosotros.

También nos enseña cuál es nuestro propósito y cómo tomar las mejores decisiones para parecernos al que nos creó.

Esa transformación se llevará a cabo conociendo a Dios a través de Cristo, y permitiendo que él cambie nuestra manera de pensar y de vivir.

Cuando dejamos que Dios nos transforme, entonces es como si nos «vistiéramos» de una persona nueva, que vive de acuerdo a la voluntad de Dios, llevando una vida justa y pura basada en la verdad. (*Efesios 4:22-24, Colosenses 3: 9-13*)

Gálatas 5:22
22 Mas el fruto del Espíritu es amor, gozo, paz, paciencia, benignidad, bondad, fe.

Romanos 8:29
29 Porque a los que antes conoció, también los predestinó para que fuesen hechos conformes a la imagen de su Hijo, para que él sea el primogénito entre muchos hermanos.

Efesios 4:22-24
22 En cuanto a la pasada manera de vivir, despojaos del viejo hombre, que está viciado conforme a los deseos engañosos,
23 y renovaos en el espíritu de vuestra mente,
24 y vestíos del nuevo hombre, creado según Dios en la justicia y santidad de la verdad.

SEMBRADOS
EN BUENA TIERRA

1 { Nuestro origen. Descubriendo nuestra identidad }

Aprendizaje activo

Niños PEQUEÑOS:
1. Huellas de la creación. En un plato plástico vacíe un poco de pintura especial que puedan usar los niños con las manos, que no sea tóxica. Dé una hoja de papel a cada niño, estos pondrán ambas manos sobre la pintura, después estamparán las huellas de las manos sobre la hoja de papel. Cuando la pintura seque, escriba junto a las marcas: «Yo (nombre del niño) he sido creado a imagen de Dios». Explíqueles que Dios creó a cada persona diferente, pero todos semejantes a él.

Material:
• Pintura para las huellas
• Toallas húmedas para limpiar las manos.
• Copias de la página con flecha
• Lapiceros o lápices

2. Colorear el dibujo.

Material:
* Crayones
* Copias de la actividad

Niños GRANDES:
1. Resolver las actividades.

Material:
• Copias de las actividades
• Lapiceros o lápices

Notas

....

....

....

....

....

....

....

....

....

....

....

....

....

....

....

....

....

....

....

SEMBRADOS
EN BUENA TIERRA

«Y ponerse el ropaje de la nueva naturaleza,
creada a imagen de Dios, en verdadera justicia y santidad».
Efesios 4:24 NVI

Yo _____
he sido creado a
la imagen de Dios

Notas

....

....

....

....

....

....

....

....

....

....

....

....

....

....

....

....

....

....

....

....

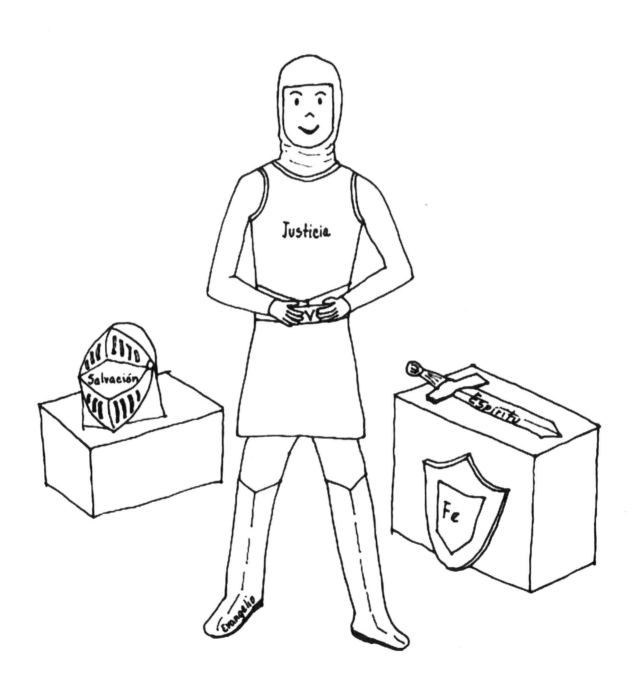

Niños GRANDES

**«Y ponerse el ropaje de la nueva naturaleza,
creada a imagen de Dios, en verdadera justicia y santidad».
Efesios 4:24 NVI**

Niños GRANDES

| Hoja de actividades | 1 | { Nuestro origen. **Descubriendo nuestra** identidad } |

1 Versículo para memorizar:

«Y ponerse el ropaje de la nueva naturaleza, creada a imagen de Dios, en verdadera justicia y santidad». **Efesios 4:24 NVI**

2 Marca la respuesta correcta:

1. ¿Cuál es el origen del hombre?

a) El agua

b) La tierra

c) Dios

2. ¿Cómo fue creado el hombre?

a) Semejante a Dios

b) Semejante a los animales

c) Semejante a las aves

3. ¿Cómo es la imagen de Dios?

a) De amor, gozo y paz

b) De paciencia, bondad, fe y humildad

c) De gentileza y dominio propio

4. ¿Cómo reflejaremos la imágen de Dios?

a) Mirándonos en un espejo

b) Poniéndonos debajo de una lámpara

c) Renovando nuestra mente con la palabra de Dios

2 { Descubriendo nuestro **propósito** }

Objetivos:

Ayudar al niño a:
- Recordar los dos propósitos por los que Dios formó al hombre.
- Conocer el propósito del día de reposo.
- Saber como formó Dios la primera familia.
- Entender el propósito de la familia.

Textos:

Génesis 2

Versículo a memorizar:

Y dijo Jehová Dios: No es bueno que el hombre esté solo; le haré ayuda idónea para él.
Génesis 2:18

Desarrollo del tema:

Recordemos que estamos aprendiendo cómo podemos tener un hogar feliz, y en la clase pasada aprendimos que Dios creó todas las cosas y formó al ser humano a su imagen y semejanza.

¿Qué es un ser humano?

Es una persona, hombre, mujer, niño, niña. Aprendimos que Dios nos creó para reflejar su imagen (*Génesis 1:27*), pero esa imagen quedó dañada por el pecado y perdimos la cercanía con él. Nos alejamos de Dios que es nuestro origen, y empezamos a tomar malas decisiones.

Al desobedecer a Dios, es decir al pecar, es como vernos en un espejo que está sucio. Nuestra imagen se ve distorsionada. Asimismo, cuando nos mantenemos alejados de Dios, es como querernos ver en el espejo de lejos, la imagen no será clara.

Cuando recibimos a Jesús como nuestro Salvador y Señor, entonces él empieza a cambiarnos a su imagen, y empezamos a hablar como él, y a vivir como él. Eso nos permite conocer y cumplir con el propósito que él tiene para nuestra vida.

La Palabra de Dios dice, que después que Dios creó al ser humano «los bendijo» esto quiere decir que lo preparó para cumplir un propósito, el propósito fue dar fruto y multiplicarse (*Génesis 1:28*).

¿Cuál es nuestro propósito?

Fructificar y multiplicarnos. (*Génesis 1:28*)

¿Qué significa fructificar?

Es cuando el fruto del Espíritu de Dios, se forma en nuestra vida, el fruto que la Palabra de Dios, menciona en (*Gálatas 5:22*), que es amor, alegría, paz, paciencia, amabilidad, bondad, fidelidad, humildad y dominio propio.

Génesis 1:27-28
27 Y creó Dios al hombre a su imagen, a imagen de Dios lo creó; varón y hembra los creó.
28 Y los bendijo Dios, y les dijo: Fructificad y multiplicaos; llenad la tierra, y sojuzgadla, y señoread en los peces del mar, en las aves de los cielos, y en todas las bestias que se mueven sobre la tierra.

Gálatas 5:22
22 Mas el fruto del Espíritu es amor, gozo, paz, paciencia, benignidad, bondad, fe.

Hebreos 10:19-22
19 Así que, hermanos, teniendo libertad para entrar en el Lugar Santísimo por la sangre de Jesucristo,
20 por el camino nuevo y vivo que él nos abrió a través del velo, esto es, de su carne,
21 y teniendo un gran sacerdote sobre la casa de Dios,
22 acerquémonos con corazón sincero, en plena certidumbre de fe, purificados los corazones de mala conciencia, y lavados los cuerpos con agua pura.

Génesis 2:2-3
2 Y acabó Dios en el día séptimo la obra que hizo; y reposó el día séptimo de toda la obra que hizo.
3 Y bendijo Dios al día séptimo, y lo santificó, porque en él reposó de toda la obra que había hecho en la creación.

Éxodo 20:8
8 Acuérdate del día de reposo para santificarlo.

Hebreos 10:25
25 no dejando de congregarnos, como algunos tienen por costumbre, sino exhortándonos; y tanto más, cuanto veis que aquel día se acerca.

1 Pedro 3:7
7 Vosotros, maridos, igualmente, vivid con ellas sabiamente, dando honor a la mujer

¿Qué significa multiplicarnos?

Una vez que Dios forma el fruto de su Espíritu en una persona, este fruto empieza a multiplicarse en otras personas. La gente desea parecerse a los que reflejan la presencia de Dios en sus vidas.

Entonces se da el milagro de la multiplicación. Por eso es que aunque Cristo estuvo aquí en la tierra hace ya miles de años, todavía hay muchas personas que quieren parecerse a él. Para poder fructificar y multiplicarnos, Dios nos ha dado dos recursos muy importantes:

1) Nuestra relación individual con Dios. (El día de reposo)

Gracias a Jesucristo podemos tener comunicación directa con Dios todos los días, en cualquier momento (*Hebreos 10:19-22*). Sabemos que es nuestro Padre y podemos tener una relación cercana con él. Esto lo vamos a hacer orando y leyendo su Palabra todos los dias.

Dios creó el universo y todo lo que existe en 6 dias y reposó uno, no porque estuviera cansado, sino como un ejemplo, para que nosotros supiéramos que es necesario hacer una pausa en nuestras actividades para recibir instrucciones de él.

Esto lo hacemos en compañía de nuestros hermanos en Cristo, en la iglesia. (*Génesis 2:2-3, Éxodo 20:8, Hebreos 10:25*).

2) Relación familiar

Cuando Dios creó al primer hombre, le puso por nombre «Adán», despues decidió hacer otro ser humano para que le ayudara (Génesis 2:18) y durmiendo a Adán profundamente tomó una de sus costillas y de ella creó a su mujer, y la llamó «Eva». Adán ya no estaba solo. (Génesis 2:22, 1Pedro 3:7) ahora tenía la ayudante idónea. ¿Qué significa idónea? Quiere decir insustituible, también significa opuesta.

¿Porqué la llamó ayuda idónea?

• Es de su misma especie. (Génesis 2:19, 20)
• La hizo de la costilla del hombre, cerca del corazón para ser amada y protegida. Génesis 2:21-22
• Como complemento para llevar a cabo el propósito de Dios.
• Dios la trae al hombre. (Génesis 2:22)
• El género humano está compuesto de dos elementos: varón y hembra. (Génesis 2:23)
Cuando una mujer y un hombre hacen un pacto para vivir juntos el resto de su vida, y firman este pacto con las autoridades de su país, entonces se forma una nueva familia.

< Hombre + mujer = matrimonio > (Eclesiastés 4:9-12)

Así fue como Dios formó la primera familia para llevar a cabo el propósito de fructificar y multiplicarnos. En una familia tenemos la oportunidad de orar unos por otros, crecer espiritualmente, apoyarnos para mejorar en nuestras áreas débiles, compartir sueños y metas que nos lleven a glorificar a Dios en nuestra vida.

como a vaso más frágil, y como a coherederas de la gracia de la vida, para que vuestras oraciones no tengan estorbo.

Génesis 2:18-23
18 Y dijo Jehová Dios: No es bueno que el hombre esté solo; le haré ayuda idónea para él.
19 Jehová Dios formó, pues, de la tierra toda bestia del campo, y toda ave de los cielos, y las trajo a Adán para que viese cómo las había de llamar; y todo lo que Adán llamó a los animales vivientes, ese es su nombre.
20 Y puso Adán nombre a toda bestia y ave de los cielos y a todo ganado del campo; mas para Adán no se halló ayuda idónea para él.
21 Entonces Jehová Dios hizo caer sueño profundo sobre Adán, y mientras éste dormía, tomó una de sus costillas, y cerró la carne en su lugar.
22 Y de la costilla que Jehová Dios tomó del hombre, hizo una mujer, y la trajo al hombre.
23 Dijo entonces Adán: Esto es ahora hueso de mis huesos y carne de mi carne; ésta será llamada Varona, porque del varón fue tomada.

Eclesiastés 4:9-12
9 Mejores son dos que uno; porque tienen mejor paga de su trabajo.
10 Porque si cayeren, el uno levantará a su compañero; pero ¡!ay del solo! que cuando cayere, no habrá segundo que lo levante.
11 También si dos durmieren juntos, se calentarán mutuamente; mas ¿cómo se calentará uno solo?
12 Y si alguno prevaleciere contra uno, dos le resistirán; y cordón de tres dobleces no se rompe pronto.

2 { Descubriendo nuestro **propósito** }

Aprendizaje activo

● **Niños** PEQUEÑOS:
1. Colorear el dibujo

Material:
• Crayones
• Copias de la actividad

● **Niños GRANDES:**
1. Resolver el cuestionario
2. Resolver el laberinto

Material:
• Copias de las actividades
• Lapiceros o lápices

Notas

....

....

....

....

....

....

....

....

....

....

....

....

....

....

....

....

....

....

....

Niños pequeños

«Y dijo Jehová Dios: No es bueno que el hombre esté solo; le haré ayuda idónea para él». **Génesis 2:18**

Notas

Niños GRANDES

Instrucciones:
Encuentra al camino correcto dentro del laberinto.

2 { Descubriendo
nuestro **propósito** }

«Y dijo Jehová Dios: No es bueno que el hombre esté solo;
le haré ayuda idónea para él». **Génesis 2:18**

Notas

Niños GRANDES

Hoja de actividades

2 { **Descubriendo nuestro propósito** }

1 **Versículo para memorizar:**

«Y dijo Jehová Dios: No es bueno que el hombre esté solo; le haré ayuda idónea para él». **Génesis 2:18**

2 **Marca la respuesta correcta:**

1. Uno de los propósitos por los que Dios formó al hombre fue:

a) Reflejar su Imagen

b) Para entretenerse

c) Para tener compañía

2. El propósito del día de reposo es:

a) Descansar después de toda la semana

b) Tener un día para ir al cine o de compras

c) Para tener una relación individual con Dios

3. ¿Qué significa idónea?

a) Igual

b) Opuesta

c) Insustituíble

4. ¿Quién le trajo la mujer al hombre?

a) El vecino

b) Los animales

c) Dios

Notas

3 { Nuestro pacto Dejar, unir, ser }

Objetivos:
Ayudar al niño a:
- Aprender el significado de la palabra «pacto»
- Conocer cuál es el pacto entre Dios y el hombre.
- Aprender los principios para un pacto.

Textos:
Génesis 15:8-18

Versículo a memorizar:
«Por tanto, dejará el hombre a su padre y a su madre, y se unirá a su mujer, y serán una sola carne». Génesis 2:24

Desarrollo del tema:

La clase pasada aprendimos que Dios creó al hombre para reflejar su imagen con el propósito de *fructificar y multiplicarnos* (*Génesis 1:28*). <u>Fructificar es que se dé el fruto del Espíritu en nuestra vida</u> (*Gálatas 5:22*), <u>multiplicar</u> significa que <u>reflejemos ese fruto a través de nuestra vida</u> y otras personas lo <u>conozcan también</u>. Para poder cumplir con este propósito, Dios nos ha dado dos recursos que son muy importantes que usemos:

1) Nuestra relación individual con Dios. (El día de reposo)
Dios nos enseña que necesitamos hacer una pausa en nuestras actividades para recibir instrucciones de él leyendo su Palabra y teniendo comunión con Dios cada día (*Génesis 2:2-3, Exodo 20:8, Hebreos 10:25*).

2) Relación familiar
Dios creó primero al hombre, después creó a la ayuda idónea que es la mujer. Idónea significa insustituible, opuesta. Esta ayuda idónea era de su misma especie. (*Génesis 2:19-20*)
Como complemento para llevar a cabo el propósito de Dios. Fue Dios quien la trajo al hombre. (*Génesis 2:22*). El género está compuesto de dos elementos: hombre y mujer. (*Génesis 2:23*)

Así fue como Dios formó la primera familia para llevar a cabo el propósito de fructificar y multiplicarse. Para que el hombre y la mujer cumplan este propósito tienen que trabajar juntos, en equipo, ayudándose el uno al otro, a esto se le llamó matrimonio.
Ustedes han de decir *«yo no me voy a casar nunca»*, pero tus padres sí están casados, y tus tíos, y tus abuelitos y los papas de tus amiguitos. Quizás has presenciado la boda de alguno de tus familiares. Si ellos son cristianos, entonces hicieron un pacto, o sea un compromiso, entre ellos y Dios.

¿Qué significa la palabra pacto?
Pacto viene de la palabra hebrea *«beryth»* que significa alianza, y la palabra hebrea *«karath»* se traduce como *«hacer»* pero en realidad significa: *cortar, separar*.

Génesis 1:28
28 Porque ¿quién de vosotros, queriendo edificar una torre, no se sienta primero y calcula los gastos, a ver si tiene lo que necesita para acabarla?

Gálatas 5:22
22 Mas el fruto del Espíritu es amor, gozo, paz, paciencia, benignidad, bondad, fe,

Génesis 2:2-3
2 Y acabó Dios en el día séptimo la obra que hizo; y reposó el día séptimo de toda la obra que hizo.3 Y bendijo Dios al día séptimo, y lo santificó, porque en él reposó de toda la obra que había hecho en la creación.

Éxodo 20:8
8 Acuérdate del día de reposo para santificarlo

Hebreos 10:25
25 no dejando de congregarnos, como algunos tienen por costumbre, sino exhortándonos; y tanto más, cuanto veis que aquel día se acerca

Génesis 2:19-24
19 Jehová Dios formó, pues, de la tierra toda bestia del campo, y toda ave de los cielos, y las trajo a Adán para que viese cómo las había de llamar; y todo lo que Adán llamó a los animales vivientes, ese es su nombre.
20 Y puso Adán nombre a toda bestia y ave de los cielos y a todo ganado del campo; mas para Adán no se halló ayuda idónea para él.
21 Entonces Jehová Dios hizo caer sueño profundo sobre Adán, y mientras éste dormía, tomó una de sus costillas, y cerró la carne en su lugar.
22 Y de la costilla que Jehová Dios tomó del hombre, hizo una mujer, y la trajo al hombre.

El matrimonio es una alianza entre dos personas: un hombre y una mujer. El pacto del matrimonio es para cumplir el propósito de Dios. Este pacto es una alianza a la que acompañan señales, sacrificios y un juramento solemne que sella esta relación con promesas de bendición bajo la condición de guardar el pacto, y por otro lado, promesas de maldición si el pacto llegara a ser quebrantado. En todo pacto debe participar Dios para que sea duradero.

Dios establece el pacto matrimonial entre un hombre y una mujer
como un proceso compuesto de tres partes:

Génesis 2:24

a. Dejará padre y madre.
Siempre que Dios entra en un pacto con alguien tiene que haber un corte.

b. Se unirá a su mujer (esposo)

c. Serán una sola carne.
En un pacto dos personas se vuelven una sola buscando un mismo propósito para sus vidas.

La Palabra de Dios nos dice que un pacto es importante, porque:
• Dos son mejores que uno. (*Eclesiastés 4:9-12*), ayudándose uno al otro. (*Proverbios 10:12*)
• Al entrar en una alianza, los miembros del pacto tienen la responsabilidad de defenderse mutuamente de sus enemigos. (*Isaías 54:15*)

Teniendo como aliado al Señor, nuestra casa estará edificada sobre la roca, que es Cristo y no caerá (*Mateo 7:24*).

---

23 Dijo entonces Adán: Esto es ahora hueso de mis huesos y carne de mi carne; ésta será llamada Varona, porque del varón fue tomada.
24 Por tanto, dejará el hombre a su padre y a su madre, y se unirá a su mujer, y serán una sola carne.

Eclesiastés 4:9-12
9 Mejores son dos que uno; porque tienen mejor paga de su trabajo.
10 Porque si cayeren, el uno levantará a su compañero; pero !!ay del solo! que cuando cayere, no habrá segundo que lo levante.
11 También si dos durmieren juntos, se calentarán mutuamente; mas ¿cómo se calentará uno solo?
12 Y si alguno prevaleciere contra uno, dos le resistirán; y cordón de tres dobleces no se rompe pronto.

Proverbios 10:12
12 El odio despierta rencillas; Pero el amor cubrirá todas las faltas.

Isaías 54:15
15 Si alguno conspirare contra ti, lo hará sin mí; el que contra ti conspirare, delante de ti caerá.

Mateo 7:24
24 Cualquiera, pues, que me oye estas palabras, y las hace, le compararé a un hombre prudente, que edificó su casa sobre la roca.

3 { Nuestro pacto
Dejar, unir, ser }

Aprendizaje activo

●Niños PEQUEÑOS:

1. Colorear el dibujo

Material:
- Crayones
- Copias de la actividades

●Niños GRANDES:

1. CORAZONES ENTRELAZADOS. Recorte el modelo en papel de diferentes colores, entrelace dos figuras para formar un corazón y escriba el versículo «Mejores son dos que uno ... y cordón de tres dobleces no se rompe pronto». Eclesiastés 4:9,12

2. Resolver el cuestionario de la clase.

Material:
- Papel de colores
- Tijeras
- Lápices o lapicero
- Copias del cuestionario
- Pedazo de imán autoadherible para pegar detrás del corazón

Niños pequeños

Instrucciones:
Colorea el dibujo.

3 { Nuestro pacto **Dejar, unir, ser** }

«Por tanto, dejará el hombre a su padre y a su madre, y se unirá a su mujer, y serán una sola carne». Génesis 2:24

Niños GRANDES

Hoja de actividades

3 { Nuestro pacto Dejar, unir, ser }

---

1 ⟩ Versículo para memorizar:

«Por tanto, dejará el hombre a su padre y a su madre, y se unirá a su mujer, y serán una sola carne». **Génesis 2:24**

---

2 ⟩ Falso o verdadero:

a) La primera familia que formó Dios fue con Adán y Eva.

☐ **Falso**   ☐ **Verdadero**

b) El matrimonio es una alianza entre dos personas: un hombre y una mujer.

☐ **Falso**   ☐ **Verdadero**

c) El propósito de Dios para nuestra vida es *multiplicar y fructificar.*

☐ **Falso**   ☐ **Verdadero**

d) En todo pacto debe participar Dios para que sea duradero.

☐ **Falso**   ☐ **Verdadero**

---

3 ⟩ Contesta las preguntas

a) ¿Qué significa la palabra *Beryth*? _____

b) ¿Qué significa la palabra *Karath*? _____

c) Dios establece el pacto matrimonial entre un hombre y una mujer como un proceso compuesto de tres partes:

D_____   U_____   S_____

Notas

....

....

....

....

....

....

....

....

....

....

....

....

....

....

....

....

....

....

....

4 {Nuestras Prioridades. Identificando el orden de Dios}

Objetivos:

Ayudar al niño a:
- Saber qué es una prioridad.
- Aprender el orden de nuestras prioridades.
- Entender quién es «la iglesia» y «el cuerpo de Cristo»

Textos:

Lucas 14:26-33, Salmos 127

Versículo a memorizar:

«Si Jehová no edificare la casa, en vano trabajan los que la edifican». *Salmos 127:1*

Desarrollo del tema:

En nuestras clases anteriores aprendimos que Dios nos creo con el propósito de reflejar su imagen y para eso nos ha dejado un manual de instrucciones, que es la Biblia. Este manual también nos enseña cómo debemos ordenar nuestras prioridades.

¿Qué es una prioridad?

Prioridad es cuando permitimos que algo tome el primer lugar en nuestra vida, y esto se convierte en lo más importante.

De acuerdo con la Palabra de Dios nuestras prioridades deben estar en el siguiente orden:

Prioridad #1: Mi comunión con Dios

¿Por qué debe ser mi actividad más importante el tiempo que paso con Dios? (*Lucas 14:26-33*). Porque en ese tiempo voy a recibir las instrucciones que necesito para cumplir con el plan que Dios tiene para mi vida, voy a poder fructificar y multiplicarme.

¿Cómo tengo comunión con Dios? Orando, leyendo su Palabra y reuniéndome con mis hermanos en Cristo, o sea con su iglesia. La palabra *iglesia* viene del griego «*ekklesia*» que significa «*asamblea*» y está formado por un grupo de personas que son discípulos de Jesús. La iglesia no es el edificio, sino es un grupo de personas que caminamos juntas, unidas por los frutos de Dios en nuestra vida. Por eso es importante que sepamos que nosotros no vamos a la iglesia, sino que nosotros somos la iglesia.

Prioridad #2:

Esta actividad es para papá y mamá, ellos necesitan pasar tiempo juntos, compartiendo sus sueños y sus pensamientos, como cuando eran novios. Este tiempo es en oración el uno por el otro y compartiendo y meditando juntos en su Palabra. (*Efesios 5:23-31, 1 Corintios 11:7*)

Lucas 14:26-33
26 Si alguno viene a mí, y no aborrece a su padre, y madre, y mujer, e hijos, y hermanos, y hermanas, y aun también su propia vida, no puede ser mi discípulo.
27 Y el que no lleva su cruz y viene en pos de mí, no puede ser mi discípulo.
28 Porque ¿quién de vosotros, queriendo edificar una torre, no se sienta primero y calcula los gastos, a ver si tiene lo que necesita para acabarla?
29 No sea que después que haya puesto el cimiento, y no pueda acabarla, todos los que lo vean comiencen a hacer burla de él,
30 diciendo: Este hombre comenzó a edificar, y no pudo acabar.
31 ¿O qué rey, al marchar a la guerra contra otro rey, no se sienta primero y considera si puede hacer frente con diez mil al que viene contra él con veinte mil?
32 Y si no puede, cuando el otro está todavía lejos, le envía una embajada y le pide condiciones de paz.
33 Así, pues, cualquiera de vosotros que no renuncia a todo lo que posee, no puede ser mi discípulo.

Efesios 5:23-31
23 porque el marido es cabeza de la mujer, así como Cristo es cabeza de la iglesia, la cual es su cuerpo, y él es su Salvador.
24 Así que, como la iglesia está sujeta a Cristo, así también las casadas lo estén a sus maridos en todo.
25 Maridos, amad a vuestras mujeres, así como Cristo amó a la iglesia, y se entregó a sí mismo por ella,
26 para santificarla, habiéndola purificado en el lavamiento del agua por la palabra,

33

Prioridad #3

Esta actividad es para toda la familia: papá, mamá, e hijos, porque los hijos somos la herencia de Dios (*Salmos 127:3-5*). Lo más importante que Dios le puede dar a un matrimonio, son sus hijos. La tarea más importante que tienen nuestros padres es velar por el desarrollo espiritual de nosotros, sus hijos. Ellos con su ejemplo nos dirigen por el camino de Dios.

Prioridad #4

El trabajo. ¿Por qué tenemos que trabajar? El trabajo es una bendición, porque a través de él Dios hace varias cosas:

1. Provee para nuestras necesidades

2. Nos dá la oportunidad de descubrir la imagen generosa de nuestro Padre. (*2 Tesalonicenses 3:10-12*)

3. Es un excelente medio para que otros lo conozcan. (*Efesios 4:28*)

27 a fin de presentársela a sí mismo, una iglesia gloriosa, que no tuviese mancha ni arruga ni cosa semejante, sino que fuese santa y sin mancha.
28 Así también los maridos deben amar a sus mujeres como a sus mismos cuerpos. El que ama a su mujer, a sí mismo se ama.
29 Porque nadie aborreció jamás a su propia carne, sino que la sustenta y la cuida, como también Cristo a la iglesia,
30 porque somos miembros de su cuerpo, de su carne y de sus huesos.
31 Por esto dejará el hombre a su padre y a su madre, y se unirá a su mujer, y los dos serán una sola carne.

2 Corintios 11:7
7 Porque el varón no debe cubrirse la cabeza, pues él es imagen y gloria de Dios; pero la mujer es gloria del varón.

Salmos 127:3-5
3 He aquí, herencia de Jehová son los hijos; Cosa de estima el fruto del vientre.
4 Como saetas en mano del valiente, Así son los hijos habidos en la juventud.
5 Bienaventurado el hombre que llenó su aljaba de ellos; No será avergonzado cuando hablare con los enemigos en la puerta.

2 Tesalonicenses 3:10-12
10 Porque también cuando estábamos con vosotros, os ordenábamos esto: Si alguno no quiere trabajar, tampoco coma.
11 Porque oímos que algunos de entre vosotros andan desordenadamente, no trabajando en nada, sino entremetiéndose en lo ajeno.
12 A los tales mandamos y exhortamos por nuestro Señor Jesucristo, que trabajando sosegadamente, coman su propio pan.

4 { **Nuestras Prioridades.** **Identificando el orden de Dios** }

Aprendizaje activo

● **Niños PEQUEÑOS:**

1. Colorear los dos dibujos

Material:
- Crayones
- Copias de las actividades

● **Niños GRANDES:**

1. Banderines con el # 1. Haga banderines en forma de triángulo con papel de colores. Reparta a cada niño uno para que lo decoren y escriban en el «Dios es # 1», después ayúdelos a pegarlo en un papilla.
2. Resolver el cuestionario de la clase.

Material:
- Papel de colores.
- Tijeras
- Cinta adhesiva o pegamento.
- papilla
- Copias de las actividades.
- Lapiceros o lápices
- Figuritas de burbujas de colores.

Notas

....

....

....

....

....

....

....

....

....

....

....

....

....

....

....

....

....

....

SEMBRADOS
EN BUENA TIERRA

Niños pequeños

4 { **Nuestras Prioridades.**
Identificando el orden de Dios }

«Si Jehová no edificare la casa, en vano trabajan los que la edifican».
Salmos 127:1

Notas

Niños pequeños

«Si Jehová no edificare la casa, en vano trabajan los que la edifican».
Salmos 127:1

Notas

....

....

....

....

....

....

....

....

....

....

....

....

....

....

....

....

....

....

....

Niños GRANDES

Hoja de actividades

4 { **Nuestras Prioridades.**
Identificando el orden de Dios }

1 **Versículo para memorizar:**

«Si Jehová no edificare la casa, en vano trabajan los que la edifican».
Salmos 127:1

2 **Marca la respuesta correcta:**

1. ¿Cuál debe ser nuestra prioridad o actividad favorita?

a) Ver televisión

b) Comer

c) Jugar

d) Tener comunión con Dios

2. ¿Qué es la iglesia?

a) Un edificio

b) Un club

c) El cuerpo de Cristo

d) Una tienda

3. ¿Quiénes forman el cuerpo de Cristo?

a) Todos

b) Las personas que se reúnen los domingos

c) Nadie

d) Solo las personas que han creído en Jesús

4. ¿Cuál es otra actividad favorita después de Dios?

a) Nuestra familia

b) Nuestros vecinos

c) El trabajo

d) Dormir

Notas

5 { **Nuestros fundamentos.**
Bases para nuestra relación }

Objetivos:

Ayudar al niño a:

- Saber qué es un fundamento.
- Entender porqué un pacto es indivisible.
- Entender qué es el amor.

Textos:

Mateo 13:3-9; 18:23-35 y 1 Corintios 13:4-6

Versículo a memorizar:

«Así que ya no son dos, sino uno solo, por tanto, lo que Dios ha unido, que no lo separe el hombre». *Mateo 19:6 NVI*

Desarrollo del tema:

R ecordemos un poco lo que hemos estudiado en nuestras clases anteriores. Primero aprendimos que Dios nos creó con el propósito de reflejar su imagen y también aprendimos que la Biblia es nuestro manual de instrucciones. De acuerdo con la Palabra de Dios nuestras prioridades deben ser:

1. Tener comunión con Dios
2. Comunión entre papá y mamá que hicieron un pacto cuando se casaron
3. Después es tiempo para papá, mamá y nosotros los hijos
4. Y por último es el tiempo para el trabajo.

Hoy aprenderemos sobre los fundamentos o las condiciones para tener una relación sólida entre dos personas que se casan, es decir en el matrimonio, estas son:

Indivisible: esto quiere decir que no se puede romper. En todo pacto o alianza debe participar Dios para que sea duradero. (*Mateo 19:3-9*)

Perdón: el corazón de una persona que ha recibido el perdón de Dios, es un corazón que esta listo para perdonar. (*Mateo 18:23-35*)

¿Recuerdas las 5 razones para perdonar que estudiamos en la oración?

1. Dios así lo ordena (*Romanos 12:19*)
2. Debemos seguir el ejemplo de Cristo (*Colosenses 3:13*)
3. Somos deudores (*Romanos 13:8*)
4. Traerá paz a nuestro corazón (*Colosenses 3:13-15*)
5. Glorificará a Dios (*Romanos 15:7*)

Mateo 19:3-9
3 Entonces vinieron a él los fariseos, tentándole y diciéndole: ¿Es lícito al hombre repudiar a su mujer por cualquier causa?
4 Él, respondiendo, les dijo: ¿No habéis leído que el que los hizo al principio, varón y hembra los hizo,
5 y dijo: Por esto el hombre dejará padre y madre, y se unirá a su mujer, y los dos serán una sola carne? **6** Así que no son ya más dos, sino una sola carne; por tanto, lo que Dios juntó, no lo separe el hombre.
7 Le dijeron: ¿Por qué, pues, mandó Moisés dar carta de divorcio, y repudiarla?
8 Él les dijo: Por la dureza de vuestro corazón Moisés os permitió repudiar a vuestras mujeres; mas al principio no fue así.
9 Y yo os digo que cualquiera que repudia a su mujer, salvo por causa de fornicación, y se casa con otra, adultera; y el que se casa con la repudiada, adultera.

Mateo 18:23-35
23 Por lo cual el reino de los cielos es semejante a un rey que quiso hacer cuentas con sus siervos.
24 Y comenzando a hacer cuentas, le fue presentado uno que le debía diez mil talentos.
25 A éste, como no pudo pagar, ordenó su señor venderle, y a su mujer e hijos, y todo lo que tenía, para que se le pagase la deuda.
26 Entonces aquel siervo, postrado, le suplicaba, diciendo: Señor, ten paciencia conmigo, y yo te lo pagaré todo.
27 El señor de aquel siervo, movido a misericordia, le soltó y le perdonó la deuda.
28 Pero saliendo aquel siervo, halló a uno de sus consiervos, que le debía cien denarios; y asiendo de él, le ahogaba, diciendo: Págame lo que me debes.

Amor: El mejor camino para conducirse es el amor. El amor es un mandamiento no es un sentimiento (*Juan 13:34-35*). Cuando todas las demás virtudes o dones que tengamos se hayan terminado, el amor perdurará por toda la eternidad. El amor es de ilimitada generosidad, busca el bien de la persona que amamos por encima de cualquiera de nuestros intereses.

¿Cómo es el amor? *(1 Corintios 13:4-8)*

Este tipo de amor proviene de Dios, y se le conoce en la Biblia como amor «ágape», este amor:

*1. **Es sufrido:*** soporta los males y las injusticias, al confiar en Dios.

*2. **Es benigno:*** trata a los que le rodean con amabilidad buscando su bienestar, aprovecha todas las oportunidades para hacer bien a otros.

*3. **No tiene envidia:*** no siente celos ante el bien del prójimo.

*4. **No es jactancioso:*** no tiene una actitud arrogante, no causa irritación a otros, es humilde.

*5. **No hace nada indebido:*** se refiere a una conducta decente, y ordenada hacia los demás.

*6. **No busca lo suyo:*** es decir no busca su propio interés, no es egoísta.

*7. **No se irrita:*** no se enoja fácilmente.

*8. **No guarda rencor:*** olvida las ofensas recibidas y no guarda ningún resentimiento.

*9. **No se goza de la injusticia, mas se goza de la verdad:*** los que amamos a Dios siempre buscamos andar en la verdad y que su voluntad se lleve a cabo en nosotros.

*10. **Todo lo sufre, todo lo cree, todo lo espera, todo lo soporta:*** El amor cubre las faltas del prójimo y no pierde la esperanza de su restauración moral y espiritual.

---

29 Entonces su consiervo, postrándose a sus pies, le rogaba diciendo: Ten paciencia conmigo, y yo te lo pagaré todo.
30 Mas él no quiso, sino fue y le echó en la cárcel, hasta que pagase la deuda.
31 Viendo sus consiervos lo que pasaba, se entristecieron mucho, y fueron y refirieron a su señor todo lo que había pasado.
32 Entonces, llamándole su señor, le dijo: Siervo malvado, toda aquella deuda te perdoné, porque me rogaste.
33 ¿No debías tú también tener misericordia de tu consiervo, como yo tuve misericordia de ti?
34 Entonces su señor, enojado, le entregó a los verdugos, hasta que pagase todo lo que le debía.
35 Así también mi Padre celestial hará con vosotros si no perdonáis de todo corazón cada uno a su hermano sus ofensas.

Romanos 12:19
19 No os venguéis vosotros mismos, amados míos, sino dejad lugar a la ira de Dios; porque escrito está: Mía es la venganza, yo pagaré, dice el Señor.

Romanos 13:8
8 No debáis a nadie nada, sino el amaros unos a otros; porque el que ama al prójimo, ha cumplido la ley.

Colosenses 3:13-15
13 soportándoos unos a otros, y perdonándoos unos a otros si alguno tuviere queja contra otro. De la manera que Cristo os perdonó, así también hacedlo vosotros.
14 Y sobre todas estas cosas vestíos de amor, que es el vínculo perfecto.
15 Y la paz de Dios gobierne en vuestros corazones, a la que asimismo fuisteis llamados en un solo cuerpo; y sed agradecidos.

5 { Nuestros fundamentos.
Bases para nuestra relación }

Aprendizaje activo

● **Niños PEQUEÑOS:**
1. Colorear el dibujo

Material:
• Crayones
• Copias de la actividad

● **Niños GRANDES:**
1. Resolver la sopa de letras
2. Resolver el cuestionario de la clase

Material:
• Copias de las actividades
• Lapiceros o lápices

Niños pequeños

Instrucciones:
Colorea el dibujo

5 { **Nuestros fundamentos.** **Bases para nuestra relación** }

«Así que ya no son dos, sino uno solo, por tanto, lo que Dios ha unido, que no lo separe el hombre». Mateo 19:6 NVI

Niños GRANDES

Instrucciones:
Encuentra las palabras de la lista
que se encuentra abajo

5 { **Nuestros fundamentos.**
Bases para nuestra relación }

B	E	N	I	G	N	O	K	H	V	J	N
A	Z	R	O	T	M	Y	L	J	E	U	O
N	B	S	O	P	O	R	T	A	R	S	T
I	V	E	T	Y	I	A	W	C	D	T	I
N	O	S	E	I	R	R	I	T	A	I	E
D	C	U	S	J	E	L	R	A	D	C	N
I	A	F	P	R	N	A	T	N	O	I	E
V	S	R	E	M	C	R	Y	C	U	A	E
I	Z	I	R	U	O	V	M	I	X	U	N
S	T	D	A	C	R	E	E	O	P	I	V
I	G	O	S	W	A	T	I	S	G	O	I
B	O	P	E	P	E	R	D	O	N	P	D
L	Z	F	I	G	H	A	K	E	F	L	I
E	A	M	O	R	E	R	M	O	G	K	A

Amor
Sufrido
Benigno
Jactancioso
No se irrita

Rencor
Goza
Justicia
Verdad
Cree

Soporta
Indivisible
Perdón
No tiene envidia
Espera

«Así que ya no son dos, sino uno solo, por tanto, lo que Dios ha unido,
que no lo separe el hombre». **Mateo 19:6 NVI**

Niños GRANDES

| Hoja de actividades | 5 { **Nuestros fundamentos.** Bases para nuestra relación } |

1) **Versículo para memorizar:**

«Así que ya no son dos, sino uno solo, por tanto, lo que Dios ha unido, que no lo separe el hombre». **Mateo 19:6 NVI**

2) **Contesta las preguntas:**

1. ¿Cuáles son las tres condiciones de un pacto?

I_____ P_____ A_____

2. ¿Qué quiere decir indivisible?

a) Que no se ve

b) Que se rompe

c) Que no se puede dividir

3. ¿Qué es el amor?

a) Un sentimiento

b) Un mandamiento

c) Un corazón

4. ¿Porqué debemos perdonar?

a) Porque Dios así lo ordena

b) Porque hemos sido perdonados por Jesús

c) Traerá paz a nuestro corazón

d) Todas las anteriores

6 { **Nuestros hijos Como guiarlos** }

Objetivos:

Ayudar al niño a:
- Aprender los principios de la relación de padres a hijos conforme al modelo de Dios.
- Saber quién es nuestro ejemplo como hijos.
- Entender porqué necesitamos disciplina y corrección.

Textos:

Salmos 127:1-2,4, Juan 5:19-20, Efesios 6:4 y Proverbios 22:15; 29:15

Versículo a memorizar:

«He aquí, herencia de Jehová son los hijos; cosa de estima el fruto del vientre».
Salmos 127:3

Desarrollo del tema:

Hagamos un repaso de lo que hemos estudiado hasta ahora. Primero aprendimos que Dios nos creó con un propósito: reflejar su imagen y también que la Biblia es nuestro manual de instrucciones, en ella nos enseña que nuestras prioridades o actividades favoritas deben ser: primero tener comunión con Dios, después es la comunión entre papá y mamá que hicieron un pacto cuando se casaron, la tercera prioridad es tiempo para papá, mamá y nosotros los hijos, y por último es el tiempo para el trabajo.

En nuestra clase pasada aprendimos las condiciones que debe haber en una relación entre dos personas que se casan. La primera es que la relación en el matrimonio es *indivisible* (*Mateo 19:3-9*) en esta relación debe haber *perdón* (*Mateo 18:23-35*) y *amor*. (*Juan 13:34-35*)

La lección que estudiaremos hoy nos habla de cómo debemos ser guiados por nuestros padres. La Palabra de Dios nos da varios ejemplos de personas que enseñaron a sus hijos a tener una relación con Dios para cumplir el propósito que él tiene para cada uno de nosotros.

Dios nos dejó el modelo perfecto al mostrarnos el amor de un Padre y la sujeción de un hijo. Examinemos ahora algunos principios de la relación de padres e hijos conforme al modelo de Dios.

1. Salmos 127:1-2,4

- ***Edificación:*** Debemos permitirle a Dios que ponga orden en nuestra vida estudiando su Palabra y teniendo comunión con él. (*Deuteronomio 6:6-7*)

- ***Preservación:*** Debemos permanecer en oración y guardando su Palabra para no desobedecerle. (*Salmos 119:9-11, Efesios 6:18*)

- ***Provisión:*** Esto es el resultado de poner en práctica los dos puntos anteriores. Debemos ser agradecidos, reconocer y confiar en que Dios es nuestro proveedor, él sabe lo que necesitamos, física y espiritualmente. Si somos obedientes a su palabra tendremos bendiciones y llevaremos mucho fruto (*Gálatas 5:22*)

Juan 13:34-35
34 Un mandamiento nuevo os doy: Que os améis unos a otros;como yo os he amado, que también os améis unos a otros.
35 En esto conocerán todos que sois mis discípulos, si tuviereis amor los unos con los otros.

Deuteronomio 6:6-7
6 Y estas palabras que yo te mando hoy, estarán sobre tu corazón;
7 y las repetirás a tus hijos, y hablarás de ellas estando en tu casa, y andando por el camino, y al acostarte, y cuando te levantes.

Salmos 119:9-11
9 ¿Con qué limpiará el joven su camino? Con guardar tu palabra.
10 Con todo mi corazón te he buscado; No me dejes desviarme de tus mandamientos.
11 En mi corazón he guardado tus dichos, Para no pecar contra ti.

Efesios 6:18
18 orando en todo tiempo con toda oración y súplica en el Espíritu, y velando en ello con toda perseverancia y súplica por todos los santos;

Gálatas 5:22
22 Mas el fruto del Espíritu es amor, gozo, paz, paciencia, benignidad, bondad, fe,

Juan 5:19-20
19 Respondió entonces Jesús, y les dijo: De cierto, de cierto os digo: No puede el Hijo hacer nada por sí mismo, sino lo que ve hacer al Padre; porque todo lo que el Padre hace, también lo hace el Hijo igualmente.
20 Porque el Padre ama al Hijo, y le muestra todas las cosas que él hace; y mayores obras que estas le mostrará, de modo que vosotros os maravilléis.

• **Dirección:** ¿Hacia dónde vamos a dirigir nuestra vida? Al origen, que es Dios nuestro creador. ¿Cómo vamos a ser dirigidos?

    a) Modelo: (*Juan 5:19-20*) Jesús con su ejemplo nos enseñó a mantener una relación personal con el Padre, él sabía lo importante que es tener comunión con el Padre buscando instrucción y unidad.

    b) Integridad: Nuestros padres al reflejar a Dios en sus vidas con sus actitudes, palabras y acciones, nos enseñarán a hacer lo mismo.

2. Efesios 6:4

Para que nosotros podamos llegar a la meta y reflejar la imagen de Dios nuestros padres nos van a enseñar con paciencia, con disciplina y con corrección. La corrección en amor es una necesidad que todo ser humano requiere.

• **Paciencia:** Dios pide a nuestros padres que sean pacientes con nosotros porque somos chiquitos y a veces se nos olvida lo que ellos nos enseñan.

• **Disciplina:** Nuestros padres nos enseñan disciplina de acuerdo con la Palabra de Dios.

3. Proverbios 22:15, 29:15

• **Corrección:** La Palabra de Dios también dice que cuando no obedecemos a nuestros padres, necesitamos ser castigados con la vara.

Efesios 6:4
4 Y vosotros, padres, no provoquéis a ira a vuestros hijos, sino criadlos en disciplina y amonestación del Señor.

Proverbios 22:15
15 La necedad está ligada en el corazón del muchacho; Mas la vara de la corrección la alejará de él.

Proverbios 29:15
15 La vara y la corrección dan sabiduría; Mas el muchacho consentido avergonzará a su madre.

6 { Nuestros hijos
Cómo guiarlos }

Aprendizaje activo

● **Niños PEQUEÑOS:**
1. Colorear el dibujo

Material:
- Crayones
- Copias de la actividad

● **Niños GRANDES:**
1. Resolver el laberinto
2. Resolver el cuestionario de la clase

Material:
- Copias de las actividades
- Lapiceros o lápices

Niños pequeños

«He aquí, herencia de Jehová son los hijos; cosa de estima el fruto del vientre».
Salmos 127:3

Niños GRANDES

Instrucciones:
Encuentra el camino correcto dentro del laberinto

6 { **Nuestros hijos**
Cómo guiarlos }

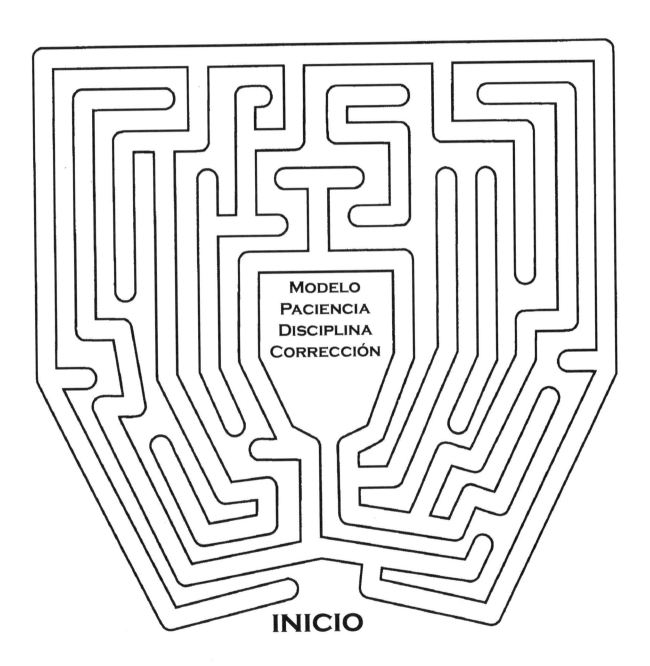

MODELO
PACIENCIA
DISCIPLINA
CORRECCIÓN

INICIO

«He aquí, herencia de Jehová son los hijos; cosa de estima el fruto del vientre».
Salmos 127:3

Niños GRANDES

1 Versículo para memorizar:

«He aquí, herencia de Jehová son los hijos; cosa de estima el fruto del vientre».
Salmos 127:3

2 Trazando una línea encuentra la respuesta

1. Dios permite a nuestros padres corregirnos con ella.

2. Cuando nuestra actividad favorita sea nuestra comunión con Dios le estaremos dando a nuestra vida...

3. Cuando Dios pone en orden nuestra vida a través de su Palabra, se le llama...

4. Dios sabe lo que necesitamos, él es nuestro...

5. Es lo que nuestros padres nos enseñarán basándose en la Palabra de Dios

6. Jesús fue hijo, él es nuestro...

7. Si se nos olvida algo que ya se nos ha enseñado nuestros padres deben tenernos...

DISCIPLINA

MODELO

LA VARA

PACIENCIA

PROVEEDOR

DIRECCIÓN

EDIFICACIÓN

3 Completa los espacios en blanco:

«No puede el _____ hacer nada por sí mismo, sino lo que _____ hacer al _____ ; porque _____ lo que el Padre _____ , también lo _____ el Hijo igualmente». **Juan 5:19**

7 { Nuestros padres cómo honrarlos }

Objetivos:
Ayudar al niño a:
- Aprender los deberes que tenemos como hijos.
- Recordar que Jesús es nuestro modelo de hijo.
- Conocer los beneficios que Dios nos otorga al ser obedientes.

Textos:
Colosenses 3:20 y Efesios 6:1-3

Versículo a memorizar:
«Hijos, obedeced en el Señor a vuestros padres, porque esto es justo». *Efesios 6:1*

Desarrollo del tema:

La lección pasada estudiamos cómo debemos ser guiados por nuestros padres. La Palabra de Dios nos da varios ejemplos de personas que enseñaron a sus hijos a tener una relación con Dios para cumplir el propósito que él tiene para cada uno de nosotros.

También aprendimos los principios de la relación de padres e hijos conforme al modelo de Dios (*Salmos 127*) que son: edificación, preservación, provisión y dirección.

En la dirección que nos van a dar nuestros padres va incluido el modelo, es decir que nosotros vamos a aprender todo lo que ellos digan o hagan; y la integridad, que quiere decir que sus actitudes, palabras y acciones están basadas en la Palabra de Dios.

Para que nosotros podamos llegar a la meta y reflejar la imagen de Dios nuestros padres nos van a enseñar con paciencia, con disciplina y con corrección.

En la clase de hoy aprenderemos cómo debemos ser los hijos con nuestros padres; y Jesús continúa siendo nuestro ejemplo, él nos enseñó lo importante que es tener comunión con el Padre buscando instrucción y unidad, y sobre todo ser obediente.

¿Por qué debemos ser obedientes a nuestros Padres? (*Colosenses 3:20*)
La obediencia a los padres es algo que agrada al Señor y nos lleva a tener buenas relaciones y a gozar de las bendiciones de Dios.

Obediencia en el Señor (*Efesios 6:1*)
Esto quiere decir que mientras seamos chiquitos debemos obedecer a nuestros padres en todas las cosas que estén de acuerdo con la Palabra de Dios. Pero si ellos nos piden que hagamos cosas que están en contra de la voluntad de Dios, ahí no debemos obedecerlos, un ejemplo sería decir mentiras, o tomar cosas de la tienda sin pagarlas, pegarle a otro, etc.

Honra incondicional (*Efesios 6:2*)
Debemos ser agradecidos con nuestros padres siempre, por todo lo que hacen por nosotros. Mientras seamos niños podemos demostrarles nuestro agradecimiento con palabras, con abrazos, portándonos bien, etc. Cuando seamos grandes y trabajemos además de agradecerles

Salmos 127
1 Si Jehová no edificare la casa, En vano trabajan los que la edifican; Si Jehová no guardare la ciudad, En vano vela la guardia.
2 Por demás es que os levantéis de madrugada, y vayáis tarde a reposar, Y que comáis pan de dolores; Pues que a su amado dará Dios el sueño.
3 He aquí, herencia de Jehová son los hijos; Cosa de estima el fruto del vientre.
4 Como saetas en mano del valiente, Así son los hijos habidos en la juventud.
5 Bienaventurado el hombre que llenó su aljaba de ellos; No será avergonzado, Cuando hablare con los enemigos en la puerta.

Colosenses 3:20
20 Hijos, obedeced a vuestros padres en todo, porque esto agrada al Señor.

Efesios 6:1-3
1 Hijos, obedeced en el Señor a vuestros padres, porque esto es justo.
2 Honra a tu padre y a tu madre, que es el primer mandamiento con promesa;
3 para que te vaya bien, y seas de larga vida sobre la tierra.

Marcos 7:10-13
10 Porque Moisés dijo: Honra a tu padre y a tu madre; y: El que maldiga al padre o a la madre, muera irremisiblemente.
11 Pero vosotros decís: Basta que diga un hombre al padre o a la madre: Es Corbán (que quiere decir, mi ofrenda a Dios) todo aquello con que pudiera ayudarte,
12 y no le dejáis hacer más por su padre o por su madre,
13 invalidando la palabra de Dios con vuestra tradición que habéis transmitido. Y muchas cosas hacéis semejantes a estas.

de esta manera, debemos mostrar nuestra gratitud de manera económica. (*Marcos 7:10-13*)

Recompensa (*Efesios 6:3*)

Si obedecemos a Dios en los pasos anteriores él nos recompensará de dos maneras, nos dará bienestar y vida. La vida que nos da es para cumplir con el propósito que él tiene para nosotros, es decir que otros puedan ver a Jesús a través nuestro.

7 {Nuestros padres cómo honrarlos}

Aprendizaje activo

● Niños PEQUEÑOS:

1. Permita que los niños coloreen las figuras, ayúdeles a recortarlas. Coloque el círculo con las palabras sobre el otro. Inserte una tachuela que se pueda doblar en el centro para poder girar la rueda y mirar los dibujos.

Material:
- Copias de la actividad
- Crayones
- Tachuelas que se puedan doblar
- Tijeras

● Niños GRANDES:

1. Descifrar el mensaje

Material:
- Copias de las actividades
- Papel de colores
- Estambre
- Tijeras
- Perforadora
- Cinta adhesiva o pegamento
- Lapiceros o lápices

2. Collares con corazones: entregue a cada niño 4 rectángulos de papel de colores de 6x10 cm. aproximadamente, una hebra de estambre de 90 cm de largo y los corazones en donde escribirán el versículo.
Cada rectángulo lo pegarán por el lado más largo para formar un cilindro. Para formar el collar ensartarán 2 cilindros, los corazones y luego 2 cilindros más, haga un nudo al estambre.

Notas

....

....

....

....

....

....

....

....

....

....

....

....

....

....

....

....

....

....

Niños pequeños

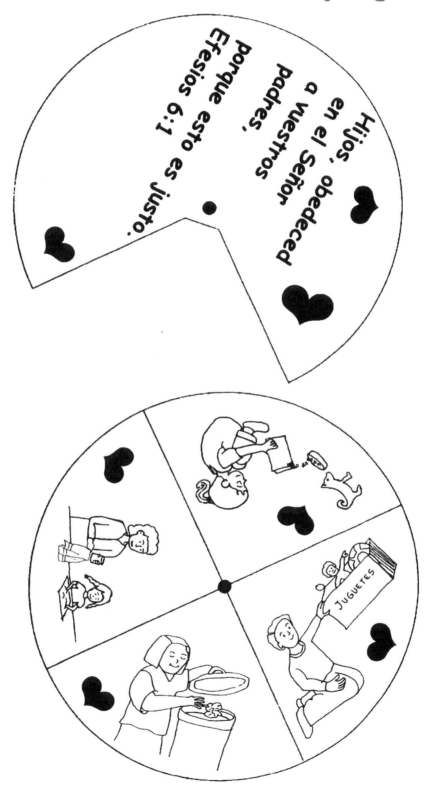

7 { **Nuestros padres cómo honrarlos** }

Hijos, obedeced a vuestros padres, en el Señor porque esto es justo. Efesios 6:1

Notas

....

....

....

....

....

....

....

....

....

....

....

....

....

....

....

....

....

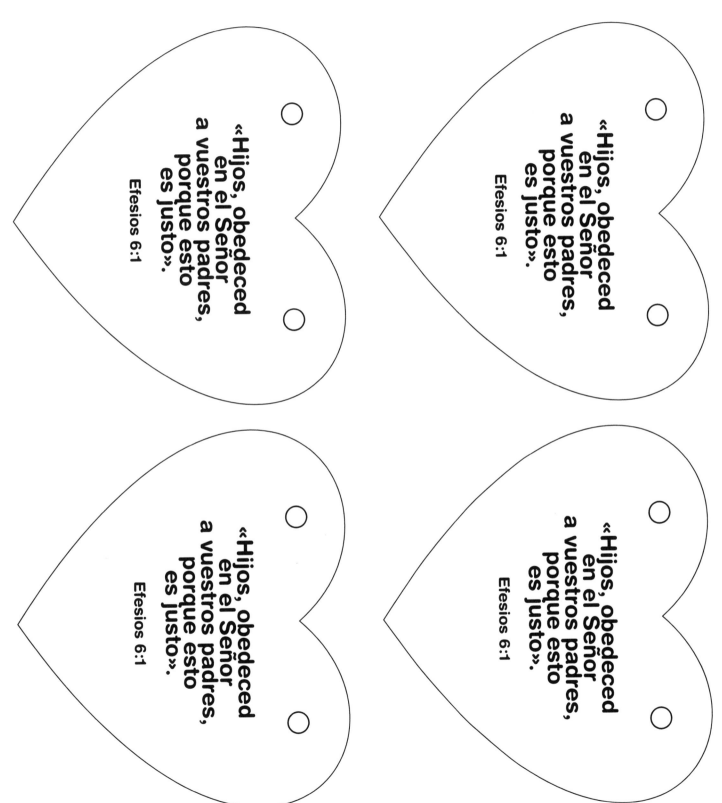

«Hijos, obedeced
en el Señor
a vuestros padres,
porque esto
es justo».

Efesios 6:1

«Hijos, obedeced
en el Señor
a vuestros padres,
porque esto
es justo».

Efesios 6:1

«Hijos, obedeced
en el Señor
a vuestros padres,
porque esto
es justo».

Efesios 6:1

«Hijos, obedeced
en el Señor
a vuestros padres,
porque esto
es justo».

Efesios 6:1

Niños GRANDES

Instrucciones: Tacha las letras K, X y Z, luego escribe las letras restantes en las líneas de abajo.

7 { Nuestros padres cómo honrarlos }

h	k	i	X	j	z	o	k	s	x	o
b	z	e	K	d	x	e	z	c	k	e
d	x	a	Z	v	k	u	x	e	z	s
t	k	r	X	o	z	s	k	p	x	a
d	z	r	K	e	x	s	z	e	k	n
e	x	l	Z	S	k	e	x	ñ	z	o
r	k	p	X	o	z	r	k	q	x	u
e	z	e	K	s	x	t	z	o	k	e
s	x	j	Z	u	k	s	x	t	z	o
e	k	f	X	e	z	s	k	i	x	o
s	z	6	K	:	x	l	z	k	x	z

_____

_____

_____

_____

Niños GRANDES

Hoja de actividades

7 { **Nuestros padres cómo honrarlos** }

---

1 **Versículo para memorizar:**

«Hijos, obedeced en el Señor a vuestros padres, porque esto es justo». **Efesios 6:1**

---

2 **Contesta las preguntas**

1. ¿En qué cosas debemos obedecer a nuestros padres?

a) Solo en lo que a mí me gusta

b) En todo lo que esté de acuerdo con la Palabra de Dios

c) En todo lo que esté en contra de la Palabra de Dios

2. ¿Cómo honramos a nuestros padres?

a) Siendo agradecido con ellos

b) Abrazándoles

c) Diciéndoles palabras cariñosas

3. ¿Cuál es la recompensa que nos da Dios cuando honramos a nuestros padres?

a) Bienestar y vida

b) Dinero

c) Vacaciones

---

3 **Completa los espacios en blanco:**

«Honra a tu _____ y a tu _____ , que es el primer _____ con promesa; para que te vaya _____, y seas de larga _____ sobre la tierra». **Efesios 6:2-3**

Nos agradaría recibir noticias suyas.
Por favor, envíe sus comentarios sobre este libro
a la dirección que aparece a continuación.
Muchas gracias.

Editorial Vida
8410 N.W. 53rd Terrace, Suite 103
Miami, Florida 33166

Vida@zondervan.com
www.editorialvida.com